Paul Sorgenfrei

IMMER SCHÖN
LOCKER BLEIBEN

Leserhinweis:
Dieses Buch stellt eine Ergänzung der Veröffentlichung
„Seniorenfieber – Älterwerden mit Humor" des Verfassers
dar (2009, Eigenverlag Paul Sorgenfrei). Übernommene Texte
wurden aktualisiert, neue sind hinzugekommen. Ebenso fanden
einige Geschichten aus „Und zum guten Schluss kommt es wie
es muss" (1997, Verlag Waldemar Kramer, Ffm.) und „ Wie ein
gerupftes Federvieh – Humor aus Kirche und Diakonie" (1997,
EBV Vellmar) Eingang in das Buch.

Autor und Illustratorin wünschen Ihnen viel Vergnügen!

Impressum
Sorgenfrei, Paul:
Immer schön locker bleiben – Älterwerden mit Humor
1. Auflage 2011
2. ergänzte Auflage 2012
ISBN: ISBN 978-3-00-036116-6

Illustration: Sabine Gutsch
Assistenz und Schreibarbeit: Sandra Sorgenfrei
Gestaltung: pure:design, Mainz
Druck: Berthold Druck GmbH, Offenbach

Eigenverlag Paul Sorgenfrei
Mail: paso.ffm@web.de, Tel.: (069) 13825604,
63071 Offenbach, Hessenring 26

© 2011 Paul Sorgenfrei, Offenbach

**Das Buch ist beim Autor sowie über jede Buchhandlung
zu beziehen.**

Paul Sorgenfrei

IMMER SCHÖN LOCKER BLEIBEN

ÄLTERWERDEN MIT HUMOR **II**

mit Illustrationen von Sabine Gutsch

Ein Poet schreibt hin und wieder,
was er denkt, in Versen nieder,
und es ehrt sein stilles Wesen,
wenn es viele Menschen lesen.

GRÜSS GOTT!
HELLO!
¡HOLA!
BONJOUR!
WITAM WAS!

Nun bin ich alt,
doch andere sind älter!
Erhebt das Glas,
noch brodelts in der Kelter.
Genießt den Tag,
das fröhliche Gewimmel
und ist's vorbei,
dann öffnet sich der Himmel.

Oder auch nicht.

INHALT

3 Von medizinischen Berichten und wahren Phantasiegeschichten

1 VON MENSCHEN MIT ENTSPANNTEM BLICK

Sonntagsvergnügen

Wie fühlt der Mensch sich sonntags frei!
Die Sonne scheint aufs Frühstücksei,
durchs Fenster strömt die Morgenluft
und frischgebrühtem Kaffeeduft

erliegen Sinne und Verstand:
Ich träum mich ins Schlaraffenland.
Adè, du arbeitsame Welt!
Die Weckeruhr ist abgestellt.

Ihr findet mich im warmen Bett
mit BILD AM SONNTAG, F.A.Z.,
ein Glöcklein bimmelt irgendwo
und Mozart tönt im Radio.

Bewegung wäre angesagt,
der Doktor denkts, weil ich betagt.
Ich denk nur eins: Die Augen zu.
Behüt euch Gott, lasst mich in Ruh!

Prothesenzeiten

Hüfte, Knie und Zahnprothese:
Alter Mensch, steh auf, genese!

Schau dich um in jeder Therme:
Hochbetagte schlürfen Wärme,

lassen sich im Schlamm massieren,
schwätzen, flirten und saunieren,

radeln mit den Rollatoren
ans Buffett, wie neu geboren.

Vitaminsalat und Bizzl,
Semmelknödel, Schweineschnitzel,

Pommes, Pudding mit Vanille,
Herzschrittmacher, Kreislaufpille,

Krustenbrot mit Gänsespeck:
Mensch, mir bleibt die Spucke weg!

Freunde, wollt ihr ewig leben?

Wer alt und fit ist, geht ans Werk
und stürmt auf den „Seniorenberg",
der, höchst bewundert und beklagt,
nun in den deutschen Himmel ragt.

Normalerweise sind Senioren
natürlich dazu auserkoren,
dies Leben friedlich zu beschließen,
anstatt es endlos zu genießen.

Senioren achten auf Diäten,
beleben Universitäten,
sie reisen in die weite Welt,
verbrauchen ihr gespartes Geld,

belegen Kurse, Seminare,
sie färben, tönen ihre Haare,
verjüngen das erlahmte Wesen
durch schicke Brillen und Prothesen.

In Bädern kommen sie auf Touren
durch allerhand Entschlackungskuren.
Sie radeln, joggen um die Wette
um Ruhm und Ehr und Sportplakette.

Sie sind des Doktors treueste Truppe
und bilden als solvente Gruppe
das Zielobjekt für flinke Zungen,
für Makler und Versicherungen.

Im Fernsehen erwartet sie
die schönste „Heimatmelodie"
und täglich in vertrautem Maße
ein „Tatort" an der „Lindenstraße".

So manchen zieht's mit forschem Blick
in Ortsverein und Politik,
auch nach Talent, Genie, Fortüne
ans Pult und auf die Bretterbühne.

Ich frage Sie: aus welchen Gründen
soll denn ein Mensch sein Ende finden,
wenn ringsherum die Fülle winkt
und froh die Frühlingsdrossel singt?

Wir Rentner lieben langes Leben,
Gesundheit, Kraft und Vorwärtsstreben,
und naht die Zeit, dann geht's hinab
vom Gipfel bis ins stille Grab.

Musik macht gute Laune

Von Neujahr bis Silvester
bläst treu das Blasorchester,
bei Sturm und Regen, Frost und Wind
dem feiernden Geburtstagskind,
dem Hochzeitspaar, dem Kranken
mit wechselnden Gedanken.

Man muss nicht lange suchen:
Von Echternach bis **Buchen,**
von Kiel bis Nesselwang
erschallt Posaunenklang.

Wer bläst, kriegt starke Lungen,
die Alten und die Jungen
vereinen sich im Ton,
Fortissimo und mächtig,
in Uniformen prächtig,
und langer Tradition.

Wenn hundert Bläser blasen,
verscheuchen sie die Hasen,
doch wie gewohnt in den Vereinen:
Der ganze Ort ist auf den Beinen.
Man dreht vertraute Runden
und zählt nicht mehr die Stunden,

spendabel ist fast jedes Haus
und schenkt auch manchen Tropfen aus.
Die Folgen mitternächtlich
sind maßvoll bis beträchtlich.
Es wird geschunkelt und gedankt
im Festsaal, bis der Boden wankt.

Vor allem wird geehrt,
weil dies dazugehört.
Welch voller Klang, welch Bläserlust
entströmt der Lorbeerblätterbrust!

Es naht der frühe Morgen,
man muss für Ordnung sorgen,
denn später turnt der Sportverein,
der Kampfplatz muss gereinigt sein.

Die Putz- und Spülkapelle
beginnt an Ort und Stelle.
Es dirigiert der beste Mann,
der bis zuletzt noch stehen kann
mit Ruhepausen, Restzeitkraft,
Karotten- und Orangensaft,
mit Herz, Gemüt und Sachverstand.
Geliebter Ort, gelobtes Land!

Schickimicki

Er hat sich liften lassen,
der alte Lebemann.
Die Lesebrillen passen,
doch schaut ihn euch mal an!

Die Backen hängen tiefer,
den Ohren fehlt die Form
und auch der Unterkiefer
entspricht nicht mehr der Norm.

Die Augenlider schwächeln,
sind links und rechts vernäht
und sein bekanntes Lächeln
wirkt komisch und verdreht.

Doch ist er wie verwandelt
und seelisch wieder fit.
Er flirtet und er bandelt
und glaubt, sie machen mit,

die jungen hübschen Mäuschen.
Wie sexy ihr Popo!
Er ist ganz aus dem Häuschen,
spendabel sowieso.

Da knackt die Hüftprothese,
ein Bolzen springt heraus.
Der stolze Irokese,
schleicht angezählt nach Haus.

Dann schaut er in den Spiegel
und brummelt vor sich hin:
Ich sag's mit Brief und Siegel,
dass ich ein Esel bin.

Auf dem Golfplatz (*)

Auf der grünen Wiese
hab ich sie gefragt:
Liebst du Golf, Luise?
Ja, hat sie gesagt.

Ist erst achtunddreißig,
ich grad umgekehrt
und wir üben fleißig,
leicht und unbeschwert.

Schlägt sie um die Ecke
ins verkehrte Loch,
schlag ich in die Hecke
und vergnüg mich doch.

Weht der Wind vom Westen,
führt sie mir die Hand,
will die Schlagkraft testen,
raubt mir den Verstand.

Auf der grünen Wiese
hab ich sie gefragt:
Liebst du Golf, Luise?
Ja, hat sie gesagt.

Will es dir beweisen,
allerliebster Rolf.
Lass uns lustig reisen,
ich lieb deinen GOLF!

Und die junge Dame
denkt in ihrem Sinn
voller Anteilnahme:
Der ist bald dahin!

(*) Volksliedmelodie

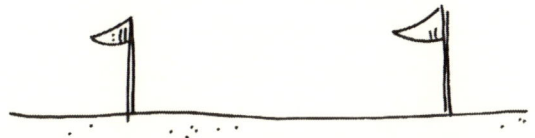

Im Fitness-Center

Für alle, die Verspannung plagt,
ist Fitnesstraining angesagt.
Bewegung heißt der Zaubertrick
für Lendenwirbel und Genick.

Genossen, Bänker, Studienräte,
die halbe Stadt hängt sich an Drähte
und Tretmaschinen aller Art,
hier wird geklotzt und nicht gespart.

Spezialgeräte für die Sehnen
und Muskeln, die sich mühsam dehnen.
Fürs Knie im nächsten Kraftrevier
ein Ungetüm: Maschine vier.

Was Brust und Bauch und Kreislauf nützt,
auch die Gelenke unterstützt,
steht aufgebockt in Reihe drei,
ein Trainer schaut diskret vorbei

und guckt, ob, viel zu hochgetrimmt,
ein Achtziger sich übernimmt
beim Firmenjubiläumslauf,
er schnauft und pumpt sich mächtig auf.

Die Schwerathleten, meisterlich!
Sie sind das NON PLUS X an sich.
Es präsentieren sich dem Kenner
die allerschönsten Muskelmänner.

Der Fremde und die Nachbarin
trainieren schweigsam vor sich hin
und abseits, mit gebremstem Drall,
ein Sportstudent im Overall.

Beim Laufen, Radeln, Stemmen, Stützen
kommt jede Kreatur ins Schwitzen
und es verströmen Hemd und Hüfte
diverse Trikotagendüfte.

Nach ein, zwei Stunden ist's geschafft,
man duscht sich ab mit letzter Kraft
und spürt im Abendsonnenschein:
„**Hier** bin ich Mensch, **hier** darf ich's sein!"

(J.W.G., Faust I)

Im Schwimmbad [*]

Donnerwetter, was ist das?
Ein Athlet durchkämmt das Nass,
links und rechts wogt weiße Gischt
und der Alte schnauft und zischt,

ist mit seinen achtzig Jahren
kampferprobt und schwimmerfahren,
saust von dannen wie ein Pfeil,
sucht sein temporäres Heil.

Sonst sind eher sie gemächlich,
die Senioren, und verträglich,
durchtrainierte alte Knaben,
Frauen, die es in sich haben,

drehen langsam ihre Runden,
schwätzen, kraulen und gesunden.
Flotte Girls und heiße Bienen
pushen Alte-Männer-Mienen.

Babymamas sind beim Stillen
mit Begleitern wider Willen.
„Seepferdchen" an flacher Stelle
nerven Omas Dauerwelle.

Schülerklassen und Junioren,
Trainerriege, eingeschworen:
Auf die Plätze! Fertig! Los!
Jeder Lausbub' find's famos.

Starke Jungs und echte Knaller:
Superfitte Wasserballer,
Tauchertypen, Triathleten,
wahre Muskelinterpreten!

Grüner Rasen, Schattenbäume,
Sonnenbaden, Urlaubsträume,
Personal von früh bis spät,
falls mal einer untergeht,

oder ohne Eintritt badet
und der Allgemeinheit schadet:
Gratulieret jeder Stadt,
die ein solches Schwimmbad hat!

(*) Dem „Ersten Offenbacher Schwimm-Club von 1896 e.V./
E.O.S.C.96" als Betreiber eines vereinseigenen Schwimmbads
mit 50-m-Becken, Olympiastützpunkt und früherem Trainings-
bad des Doppelolympiasiegers, Welt- und Europameisters
Michael Groß in Anerkennung und Dankbarkeit gewidmet.

25

Kurtourismus

Ich kure gern, so oft es geht,
und lass es mir verschreiben.
Wenn erst die Diagnose steht,
beginnt ein muntres Treiben.

Zum Grundcheck fahr ich nach Berlin,
von dort nach Bad Gastein.
Die Kasse zahlt die Kur bei Wien,
dort solls gemütlich sein.

In Füssing leg ich mich ins Moor,
in Kissingen aufs Eis.
Man stellt mich gern Studenten vor,
als lebenden Beweis.

Nun hab ich alles hinter mir
und vor mir das Quartal.
Der Doktor checkt mich gegen vier,
dann steh ich vor der Wahl:

Bad Soden oder Sansibar,
ich lieb' so sehr das Reisen.
Wir zwei sind wie ein Ehepaar:
Er liebt das Überweisen.

Gesundheit ist ein hohes Gut,
lass dich massieren, tausch dein Blut
und kure dich durchs Leben.

Am Ende heißts zum Gotterbarm:
Patient bekurt, doch bitterarm,
es hat sich so ergeben.

Die Lust zu singen

Mancher läuft und hüpft und tanzt.
Singe, wenn du singen kannst!
Sing im Wald, an frischer Luft,
sing am Strand, im Wiesenduft,

sing am Herd und vor der Pfanne,
träller in der Badewanne,
singe im Gesangverein,
saug die Luft in dich hinein!

Wenn du atmest, tief und stark,
strömt das Blut durch Bein und Mark.
Zieht die Krankheit erst ins Haus,
geht von selbst die Puste aus.

Auf dem Laufsteg

Frühlingssonne, Himmelsblau,
Schatz, wir gehn zur Modenschau,
sag ich leichtsinnig zu ihr,
und schon steht sie in der Tür.

Gertenschlanke junge Damen
staksen in gepflegtem Rahmen
vor uns her, zum Greifen nah.
Wozu ist ein Laufsteg da?

Goldbebrillte Männeraugen,
die zum Gucken kaum noch taugen,
sehen plötzlich messerscharf,
was ein Modezar entwarf,

stieren nur auf Brust und Rippen,
Wackelpopo, Wonnelippen,
Hüften idealen Schwunges! Mensch, das wärs!
Noch mal was Junges!

Neiderfüllte Korpulenzen
stöhnen über Konkurrenzen.
Jeder denkt hier nur figürlich,
doch ist alles kreatürlich.

Schaut nur, eine flotte Dicke!
Staunend richten sich die Blicke
auf ein rundes Moppel-Ich
und die Hälse wenden sich.

Selbstbewusst stolziert die Kleine
und die starken Knuddelbeine
wirken, kräftig aufgestellt,
wie aus einer andern Welt.

Flink, beweglich, leicht und wendig
wirkt das Girl, die Mode trendig
und der Beifall brandet auf,
animiert zum schnellen Kauf.

Vor den Spiegelgarderoben
werd ich überschwänglich loben,
leicht berauscht, den Damenreigen –
und mein Ideal verschweigen!

Herr Biker und Frau Sozius

Herrn Biker und Frau Sozius
hält nichts im Monat Mai
zu Haus, im Sessel, gar im Bett,
der Frühling lockt die zwei.
Sie sausen über Berg und Tal
mit Lust und Proviant,
als Rentner in der Überzahl
beneidet und bekannt.
Und landen sie im grünen Gras,
gar regungslos am Baum,
dann ist er stumm und sie ganz blass
und aus der schöne Traum.
Schade!

Wanderlust

Zwischen Lemgo und Lippspringe
laufen tausend Kerkelinge
durch den deutschen Wald:

Ballerhosen, Schottenröcke,
Stiefel, Rucksack, Wanderstöcke
und ein Lied erschallt.

Manchen quält die wunde Haxe,
doch es geht um Prophylaxe,
AOK – bewusst.

Ferner zählt zum großen Ganzen
schwätzen, ruhen, lachen, tanzen.
PROSIT Wanderlust!

Opa leert sich an der Strecke,
Oma findet eine Hecke,
Waldi wühlt im Schutt.

Wenn der Regen rauscht vom Himmel,
ist das wandernde Gewimmel
müde und kaputt.

Rast am Kaiserstuhl

Ein Wanderer aus Ober-Suhl
genießt fernab am Kaiserstuhl
in froher Rund' am langen Tische
des Federweißen junge Frische.

Genüßlich schlürft er Schluck für Schluck,
bis ein diskreter, dumpfer Druck
ihn drängt, demselben nachzugeben,
rumorend rauscht der Saft der Reben.

Im goldnen Abendsonnenschein
beendet er die schlimme Pein.
Nun weiß er um des Weißen List
und was ein Kaiserstuhlgang ist.

Zurück zur Natur

Sonne, Meer und weißer Sand,
Frühling am Nudistenstrand!
Vierzehn Tage Nackedei:
Endlich ohne, endlich frei.

Unverhüllt stellt eine Frau
alles, was sie ziert, zur Schau
und ein Mann im Sonnenlicht
präsentiert, was für ihn spricht.

Mit Statur und ohne Hose
übt ein Achtziger die Pose,
welche unvergleichlich ist,
je nach dem, was man so misst.

Und ein Dünner dehnt die Sehnen,
streckt die Muskeln, kühlt die Venen,
während sich ein Schwerathlet
um die eigene Achse dreht.

Hinter einer kleinen Düne
schmoren Bäuche und ein Hüne
wacht auf seinem Limeswall
wie ein Hahn im Hühnerstall. →

Pralle feminine Brüste
wecken ungeahnte Lüste:
Süße Wonne, satter Lohn
für den neugebor'nen Sohn.

Kinder tummeln sich natürlich,
jeder denkt hier nur figürlich.
Wer den Körper so beäugt,
ist davon auch überzeugt.

Naht die Nacht mit Riesenschritten,
gelten wieder alte Sitten:
Für die Kühle, Gott sein Dank,
hängt genug im Kleiderschrank.

Merke:
In gewisser Weise schon
pflegt der Mensch die Konvention.
Mehr denn je gilt heute:
„Kleider machen Leute!"

Hair-Styling

Mein Friseur heißt jetzt Stylist,
weiß inzwischen, was das ist.
Schnitt er früher mir das Haar,
wußt ich immer, wer ich war.

Komm ich vom Stylisten her,
dann erkennt mich keiner mehr.
Gott, man kann es nicht bestreiten:
junge Leute, andre Zeiten.

2 VOM KUSCHELN BIS ZUM SPÄTEN GLÜCK

Beziehungskisten

Wozu, frag ich, braucht man ein Bett?
Man liebt modern im Internet
und nach der Auswertung der Daten
Beziehungspartnerschaft auf Raten.

So mancher liebt durchs Telefon
und steigert seine Perversion
durch seltsame Allüren,
er merkts an den Gebühren.

Ein Männerpaar steht am Altar,
der Priester segnet im Talar
den Bund fürs weitere Leben,
nur Nachwuchs kanns nicht geben.

Und Frauen brechen ihr Tabu,
ein Alter schaut von Ferne zu,
wie zwei sich zärtlich küssen,
weil sie's gerade müssen.

Dann gibt's da noch in Saft und Kraft
gewohnte treue Partnerschaft,
Versöhnungstherapie
und Patchworkharmonie.

Gleichwohl wie einer lebt und denkt,
wer lieben kann, ist reich beschenkt,
jedoch zum großen Ganzen
gehören **Toleranzen.**

Eheschule

Mutter, Vater, wunderbar!
Welch gestandnes Ehepaar,
seit Jahrzehnten uns vertraut,
glücklich ist, wer auf sie baut.

Gestern war's wieder soweit:
Wie aus heiterm Himmel Streit,
miese Stimmung bei den Alten,
schwer für Junge, auszuhalten.

Brauchen sie den Psychologen?
Hat er sie/sie ihn betrogen?
Geht's im Kopf schon kreuz und quer?
Bitten wir den Doktor her?

Krisensitzung, konferieren,
still und heimlich observieren,
blättern in Versicherungsakten,
vorsorglich ein Heim kontakten?

Dann die Lösung wie erwartet:
Nächsten Samstag wird gestartet!
Auf nach Gran Canaria,
alte Freunde sind schon da.

Blauer Himmel, frischer Schwung,
ach, die Alten bleiben jung
und wir raten Tag und Nacht,
wie man eine Ehe macht ...

Kinder, Kinder

Eine Lebensabschnittsgefährtin auf Zeit
steht im Kurs bei der singelnden Männlichkeit
und das schwache Geschlecht, wie man sieht,
strebt nach oben, gestylt und gebildet
in Topgarderoben.

(Song ad lib.)

Da passen süße Kinderlein,
bei vielen nicht ins Bild hinein.
Sie schreien um die Wett'
und machen auch ins Bett.

Sie kosten manche Fiebernacht,
Beschränkung, Zeit und Nervenkraft
und werden sie erst groß,
dann geht's erst richtig los.

Sie hängen rum und trinken viel
und kennen weder Start noch Ziel.
Es zahlt sich selten aus
und oft kommt nichts heraus.

Doch leise tickt die Bio-Uhr
und mancher findet seine Spur
ins elterliche Glück
und dann gibts kein Zurück.

Der Opa und die Großmama,
sofern sie fit und lebensnah,
sie werden wieder jung
mit Pepp und Spaß und Schwung.

Und die übrigen Abschnittsprobierer auf Zeit,
sie ergreifen die nächste Gelegenheit.
Geträumt sind die Träume, verblasst aller Schein
und mancher bleibt bitteren Herzens
allein.

Nuckelzeiten

Welche Wonne, welche Lust!
Babys nuckeln an der Brust,
Bärchen nuckeln süß im Zoo,
Süchtige mit Risiko.

In der Pause, auf der Reise,
Fläschchennuckeln klassenweise;
nuckeln vor und nach dem Spiel,
Coca Cola, Eis am Stiel.

BIONADE, Knabbersack,
Partybier im Doppelpack,
bunt, bequem und ausgewogen:
nuckelnd werden wir erzogen.

Kollektiv beseelt im Glück
saugt die Nuckelrepublik,
schmatzen Lippen, Mund und Kehle:
VIVAT der oralen Seele!

Selbst im Alter, nicht zu fassen,
nuckeln wir aus Schnabeltassen
und so schließt sich dann der Kreis
von dem Schreihals bis zum Greis.

Herr Scheu und Fräulein Schüchtern

Herr Scheu und Fräulein Schüchtern
verlieben sich in Schlüchtern
und es verfliegt in kurzer Zeit
die Scheu und auch die Schüchternheit.

Der Pfarrer im Talar
traut sie im selben Jahr
und wer sich andernorts nicht traut,
der such in Schlüchtern seine Braut.

Die Gegend ist für Pärchen
romantisch wie im Märchen
und an der Straße stehn als Zeugen
zwei Brüder[*], die sich scheu verbeugen.

(*) Wie heißen sie?

Geliebte Frau

Renate sitzt am Tisch und träumt,
hat nichts vom Hauptmenü versäumt.
Nun gibts noch hinterher
ein himmlisches Dessert.

Von der nächsten Liebe

Hört, was manche flotten Alten
von der nächsten Liebe halten.
Sind verflogen Trauerwölkchen,
findet sich ein muntres Völkchen,

Zeitung lesend, FAX und Daten,
prüfend in den Inseraten,
ob sich Neuanfänge lohnen
auf dem Markt der Illusionen,

schnell und leise, kurz und knapp,
denn der Restzeitwert läuft ab.
Reich und blond, im besten Alter,
träumt so mancher graue Falter.

Mona-Lisa glaubt, es macht sich
auch ein Millionär mit achtzig.
Anton ist total verstört,
weil ihn Tanja nicht erhört,

plaudert nur in schärfstem Ton
stundenlang am Telefon,
wie die flotte wilde Hilde
fern im dänischen Roskilde.

Die Senioren sind sich einig,
neue Wege, sie sind steinig
und die nächste Liebe fern,
wie der Fix – vom Abendstern.

Doch zu knüpfen zarte Bande
ist man jederzeit im Stande.
Ludwig wird beim Bingo spielen
heimlich nach der Berta schielen,
meint sogar, es sei ihr recht,
dabei sieht er nur so schlecht.

Farbenwechsel [*]

Grau, grau, grau sind meine neuen Farben,
grau, grau, grau ist alles, was ich trag
und nun lieb ich alles das, was grau ist,
weil mein Schatz mich grauen Panther mag.

Blond, blond, blond, so liebt ich einst ein Mädchen,
blond, blond, blond ganz wild und unfrisiert
und nun bummeln wir verliebt durchs Städtchen
schwächelnd, lächelnd, gräulich und blondiert.

Grün, grün, grün sind alle meine Träume,
grün, grün, grün blüht alle Jahr der Mai.
Mix die Farben, tünch die weißen Räume,
grauer, grüner, alter Papagei.

Rot, rot, rot, ich schenk dir rote Rosen,
rot, rot rot, solang ich bei dir bin.
Ist vorbei das Herzen und Liebkosen,
bin ich selber auch dahin.

Lass uns tanzen, scherzen, lange leben,
leichten Schritts und lass uns fröhlich sein,
in den siebten Walzerhimmel schweben
bis zum letzten Abendsonnenschein.

(*) Volksliedmelodie

Omas Sorgen und Opas Pläne

Zwei rechts, zwei links,
zwei rechts, zwei links,
am Fenster sitzt Marie
und strickt sich ihren Kummer weg,
die Schmerzen rechts im Knie,
die Plage mit dem Schwiegersohn
und mit dem Testament,
der Tochter Leid am Telefon.
Es nimmt kein gutes End'!

Zwei rechts, zwei links, zwei rechts, zwei links
wird alles eingestrickt.
Bei Rosenkranz und Weltenweh
ist Oma eingenickt.

*

Es zwickt und zwackt, ich glaub, ich werde älter,
sagt Großpapa, die Runde schaut verwundert.
Geschenke, Küsschen, Blumen, Sekt und Selter
und was fürs Herz: der Jubilar wird hundert!

Sein Lockenkopf ist weiß wie Schnee,
doch plant er schon für Übersee
den Triathlon im Mai
in Lulu auf Hawaii.

Spätes Glück

Oma, Opa ohne Enkel
sind wie Töpfe ohne Henkel.
Doch man kann es nicht erzwingen,
dieses Glück, in Enkeldingen.

Melanie, Lisette', Lisann,
Joris, Marten, Luc, Johann,
Jordan, Jochen und Helene
Enno, Anna notabene,

Max, Charlotta, Tim, Marie,
Nessi, Finn, so heißen sie,
Sandra, Yannic, Constantin,
Boris, Vince und Evelyn.

Tanja, Miriam, Annika,
Elvis, Bob aus USA,
Susi, Sam und Emma-Lou,
Lasse, Levi-Maniku,

Marielle' im Kinderhort
und so weiter und so fort.
Such dir einen Enkel aus,
Glück und Segen strahlt ins Haus.

Hahn im Korb

In einem feinen Damenstift
begegnen sich im Treppenlift
ein Kavalier aus Kamen
und vier gepflegte Damen.

Gedrängt, auf allerengstem Raum,
leicht amüsiert, man kennt sich kaum,
fragt forsch der Hans im Glück:
Wer fährt mit mir zurück?

Worauf die erste Dame lacht,
ein amouröses Witzchen macht,
auch leise summt und singt
und ihre Hüften schwingt.

Die Zweite zupft am bunten Rock,
verflucht den Rücken und den Stock,
die Dritte, leicht verlegen,
sie schweigt, des Anstands wegen.

Die vierte Dame, föngewellt,
sie bittet, als der Aufzug hält,
zum Tee mit Zimtmarone,
Kondensmilch und Zitrone. →

Zur Tischzeit tritt der flotte Mann
die Rückfahrt dann alleine an.
Die Damen in vertrauter Zahl,
sie sitzen brav im Speisesaal

und jede träumt den Jugendtraum
vom Frühling unterm Fliederbaum,
von erster Lieb und letztem Kuss,
dann gibts Püree mit Apfelmus.

Locker bleiben?

Immer schön locker bleiben,
flüstert seine Puppe,
doch die neue Zahnprothese
plumpst ihm in die Suppe.

Ach, was waren das für Zeiten,
jugendlich und frisch.
Jetzt gibts nur noch Peinlichkeiten
am Seniorentisch.

Liebeserklärung

Ohne dich bin ich nichts. Mit dir alles.

Ohne dich ist mein Leben verloren und leer,
erinnerungslos und gedankenschwer,
das Dasein wie Dürre, verstummter Gesang,
wie altes Gemäuer, der Straße entlang.
Mit dir fliegen Tage und Monde dahin,
haben Stunden, Minuten erst Seele und Sinn.
In der Frühe des Tages mein erster Blick
gilt dir und du lächelst versonnen zurück.

Du planst meine Wege, den Anfang, das Ende,
bewegst die Gedanken und füllst mir die Hände.
Du ordnest den Alltag und gibst ihm Gestalt,
dein Nahesein ist mir ein tröstender Halt.
Ich streiche voll Inbrunst dein sanftes Gewand,
wir nehmen das Tagewerk fest in die Hand
und ist es getan, sind die Pflichten erfüllt,
erscheint mir im Schlafe dein liebliches Bild.

Ach, du bist mein Alles, mein wirkliches Leben,
mein Hoffen und Wünschen, Verharren
und Streben. Der Traum meiner Nächte,
der Tage Verschwender bist du,
mein geliebter **Terminkalender!**

3 VON MEDIZINISCHEN BERICHTEN UND WAHREN PHANTASIE- GESCHICHTEN

Gesundheit!

Schrecklich, dieser Beipackzettel,
alles nur Chemie.
Auf dem reinen Frühstücksbrettel
liegt die Therapie:
Hemmer, Blocker, Sakrozyten,
Levothyroxin,
hexorale Wundertüten,
ich schau nicht mehr hin.

Salizyle, Derivate,
Omega 3B,
hydrogene Carbonate:
Was heißt ACE?
Missgelaunt und wider Willen
setz ich mich in Pose,
zähle 33 Pillen
in die kleine Dose.

Schluck hinunter, was geschliffen
ärztlich formuliert,
Nebenwirkung inbegriffen,
hoff', dass nichts passiert.
„Zu Risiken und ..." na Sie wissen schon!

Schön warm anziehen!

Wie immer um die Weihnachtszeit
ist Husten, Schnupfen, Heiserkeit
des Zeitgenossen schlimmes Los.
Im Halse sitzt ein böser Kloß
und irgendwo in schwerer Brust,
man ahnt es dumpf und unbewusst,
mag noch ein größ'res Übel sein,
es balsamiert sich kräftig ein
die halb gelähmte Sportnation
und jeder sagt: Das kommt davon!

Wenn selbst der Dackel heiser spricht,
dann gibt es ein Entweichen nicht.
Die Konjunktur ist lahmgelegt,
das Einkaufscenter leergefegt.
Der Wellensittich krächzt am Fenster
und Oma fantasiert Gespenster.

Plagt mancher sich mit letzter Kraft,
so ist's am Ende vorteilhaft:
Den Rest des Jahres ist, je nun,
der Mensch von Kopf bis Fuß immun.

„Alles fließt!" [(*)]

Mikroorganismen wohnen
oft in erogenen Zonen.
Böse, hundsgemeine Viren
strapazieren Blase, Nieren.
Konsultiere, ausgewogen,
einen guten Urologen!

Er entdeckt die schwachen Stellen
mittels ultraschaller Wellen,
matscht mit Gelen feuchter Arten,
wie im Krabbelkindergarten,
auf dem Bauch und um den Nabel
mit Geheimgerät und Kabel.
Und was sieht er? – ei der dauß,
Wasser fließt zu schnell hinaus

oder, je nach Diagnose,
langsam tröpfelnd in die Hose;
sieht auch, wenn sich Räume füllen,
wasserstauend, wider Willen.
Schließlich sagt der Spezialist,
was nicht mehr in Ordnung ist.

Hast du Glück, bemerkt er bieder:
Komm gelegentlich mal wieder!
Hast du Pech, wird er verschreiben:
Dringend in Verbindung bleiben!

Wenn es dich auch sehr verdrießt:
Leben gibts, weil **„alles fließt"**.[*]

(*) HERAKLIT, 500 J.v.Chr. (grie.: „Panta rhei")

Mann o Mann!

Hab die neue Hose an
als gepflegter, ältrer Mann.
Plötzlich gibt es ein Problem,
weder sanft noch angenehm,

bin, wie oftmals, tief betroffen,
denn der Hosenstall steht offen.
Wie löst man, vor vielen Leuten,
dieses Missgeschick beizeiten,

unauffällig und diskret,
wenn man in der Runde steht?
Einer blödelt einen Witz,
jetzt! – denk ich, jedoch der Schlitz

hängt verdreht im neuen Hemd
und der Reißverschluss, er klemmt.
Der Besitzer, das bin ich,
schwitzt und leidet fürchterlich.

Durch die Reihen geht ein Raunen,
Gucken und diskretes Staunen.
Männer möchten vorn am Tresen
die Gebrauchsanweisung lesen.
Schließlich äußert eine Dame

Mitleid, Spaß und Anteilnahme,
fasst beherzt mit starker Pose
in die offne Herrenhose,

bringt den Schließer in die Bahnen
und die vielen Spanner ahnen:
In der Praxis, ei der dauß,
kennt sich diese Dame aus.

Männerträume

SIE zu ihrem Dickerchen:
Machen wir ein Nickerchen
zwischen zwei und vier

und zum Rekonvaleszieren
schlurfen sie auf allen Vieren
in das Schlafrevier.

ER zu seiner Molligen:
Hab geträumt von drolligen
Engelchen im Bett,

gertenschlank und zuckersüß,
alles wie im Paradies.
Find't sie gar nicht nett!

Frischluftfreaks

Frühmorgens um sieben und mittags um zwölf
und abends noch einmal um acht,
belebt sich's im Park und es raschelt im Busch,
die Hundefamilie erwacht.

Ein Windspiel vergnügt sich auf seltsame Art
allein, und ein Pinscher posiert
mit wedelndem Schwanz um den Pudel herum,
und schon ist es wieder passiert.

Der Dobermann, eben zwei Jahre jung,
bewegt sich am Rosenstrauch nicht.
Er blickt wie gebannt und bereit auch zum Sprung
in ein wütendes Boxergesicht.

Ein Dackelchen bellt und gibt keine Ruh
und hebt an der Linde sein Bein,
die Dogge entleert ihr Bedürfnis dazu
und trollt sich, was sein muss, muss sein.

Am Ententeich wittert der Vorsteherhund
die Spur und ein stolzer Afghane
genießt seinen Stand und wedelt den Schweif
in der Luft wie die Feuerwehrfahne.

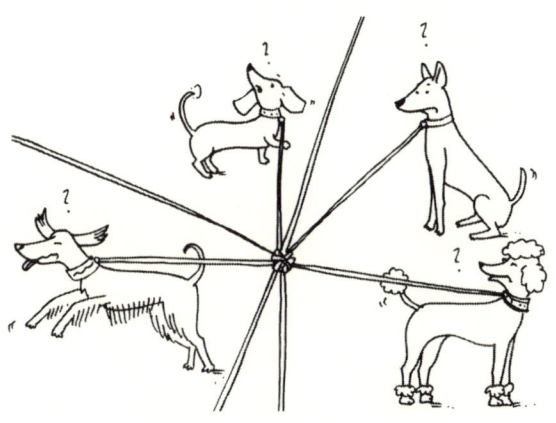

Und Frauchen und Herrchen,
sie kennen sich lang
mit Hausnummern, Stärken und Schwächen.
Senioren bejammern den schmerzlichen Gang
und sämtliche Hundegebrechen.

So ganz nach Belieben und wie es sich fügt,
zumeist zwischen munterem Laufen,
setzt alles, was Beine hat und sich vergnügt,
den üblichen Hundehaufen.

Derselbe verschwindet, natürlich entsorgt,
in Tüten, man hat sie dabei,
und tritt ein Beamter vom Rathaus hinein,
dann ist's eine **Stadtschweinerei.**

„Wer wird Millionär?"[(*)]

Ruheständler Feiermann
schaltet sich DAS ERSTE an,
brummelt leis´: Ich dacht mir's schon,
kein Geräusch, kein Bild, kein Ton.

MIT DEM ZWEITEN SIEHT MAN BESSER,
sagt er sich und holt ein Messer,
Brot und Butter, Schinken, Wurst,
auch was Kühles für den Durst.

Zwischendurch klickt er ins DRITTE,
sieht, wie Gartenfrau Brigitte
ein Radieschenbeet vermisst,
was nicht seine Sache ist.

Schließlich drückt der Altgesell'
EINS-ZWEI-DREI auf RTL.
Da läuft **GÜNTHER JAUCH** und wettet.
Schwups, der Abend ist gerettet!

(*) Bekannte Fernsehsendung

Geisterfahrer

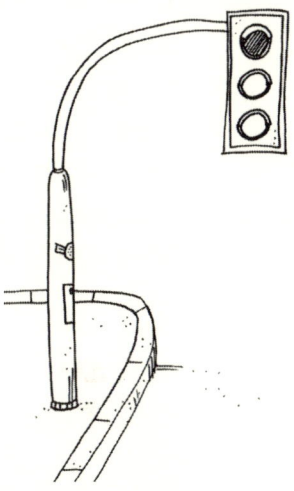

Ein rüstiger Rentner
mobiler Natur,
verpasst an der Auffahrt
die richtige Spur.

Es hupt und es blendet
der Gegenverkehr
und waghalsig stellt sich
ein Blaulicht verquer.

Wer rast denn so spät noch
durch Nacht und Wind?
Es ist, wie erwartet,
ein alterndes Kind.

Die Schutzengel wehren
die äußerste Not,
gerettet der Alte,
zum Glück keiner tot.

Was macht er?
Er flucht und dann wendet er um,
fährt heimlich
die nächste Verbindung herum, →

beklagt die Kontrolle,
bejammert den Schaden
und saust in die Stadt –
auf der Gegengeraden!

Dickschädel

Dickschädel, Knurrhahn, Sturkopp und Motz
stemmten im Leben so manchen Klotz.

Nun sind sie alt und rein gar nicht gescheiter,
knurren und motzen und dickschädeln weiter.

Jeder hat Ursache, Anlass und Grund,
doch ist's für jeden kein bisschen gesund.

Schwer ist's für Männer mit wetzenden Klingen,
über den eigenen Schatten zu springen.

Mögen sie bleiben, was immer sie sind:
Dickschädel, Knurrhahn und motzendes Kind.

Grenzerfahrungen

Im Sporthotel „Zum Superstar"
genießt ein ältres Ehepaar
die Feierabendstille.

Doch der Genuß ist eingeschränkt:
Madame hat sich den Fuß verrenkt
und Sir sucht seine Brille.

In frühen Zeiten waren sie
nur selten zu besiegen.

Nun hoffen sie um Mitternacht,
dass sie die Kurve kriegen.

Wechselzeit

Auf einer Bank in Offenbach
saß einst ein **Alter,** krank und schwach.

Jetzt ruht er hinter dem Gemäuer
und auf der Parkbank sitzt ein **Neuer,**

unnahbar und für sich allein,
es muss ein Mensch aus **Frankfurt** sein.

Man fühlt sich hierzuland gestört,
soll gehen, wo er hingehört!(*)

(*) Lokalposse

Mister Wichtig

Mancher Mensch nimmt sich zu wichtig,
fühlt sich unaufhörlich pflichtig.
Naht sein letztes Stündelein,
wird er nicht zu Hause sein.

Ist auch nicht durch Klingelzeichen
auf dem Handy zu erreichen,
denn den Abgang, wie man ahnt,
hat er gar nicht eingeplant.

Ich gesteh' als Mensch und Christ,
dass er mir sympathisch ist.
Zeigt mir einen Lebemann,
der entsagt, wenn er noch kann!

Doch zum allerletzten Schluß
kommt es, wie es kommen muß.
In der Zeitung steht banal:
Mister Wichtig **war** einmal.

Oldtimers letzte Fahrt [*]

Im Motorraum klopft es,
am Hinterrad tropft es,

die Reifen sind wellig,
der Bremsbelag fällig.

Die Scheinwerfer schwenken,
es schleudert beim Lenken,

das Notlämpchen blinkt
und der Tacho, er singt.

Der Auspuff, er rostet,
ich denke, es kostet,

das Konto muss büßen,
TÜV-ASU lässt grüßen.

Doch sonst ist der Wagen,
was soll ich euch sagen,

ein treuer Gesell,
denn er fährt noch so schnell.

[*] Schnaderhüpferl

Jetzt liegt die Karosse
bei Ulm in der Gosse.

Die Achs' ist gebrochen,
es dauert wohl Wochen.

Man wird uns verstehen,
ihr werdet es sehen,

vernünftigerweise:
Hier endet die Reise!

Café-Goethe-Melodram [(*)]

Unlängst sitz ich im Café, in dem kleinen Separée,
die Gedanken in der Ferne, im Büro.
Möchte mir was Gutes tun,
nach des Tages Arbeit ruh'n,
Kaffee schlürfen, träumen, dösen, einfach so.

Refrain:
Und im Café sitzen feine alte Damen,
trinken Kaffee, Schokolade, Tee mit Rum.
Goethe lächelt von der Wand im
gold'nen Rahmen, aus Versehen fällt ein
Kaffeekännchen um.

An dem Tisch gleich nebenan
eine Dame und ein Mann,
in der Handtasche ein winz'ger Dackelhund.
Ach, das Hündchen ist so klein
und der Mann so spindeldürr,
nur die Dame ist beleibt und kugelrund.

Refrain:
Und ins Café kommen neue alte Damen,
trinken Kaffee, Schokolade, Tee mit Rum.
Goethe grüßt und lächelt sanft im
gold'nen Rahmen, wieder fällt ein kleines
Kaffeekännchen um.

Jener Mann am Nebentisch
trinkt ein Soda, sprudelfrisch,
zelebriert sich eine Herztablette ein.
Seine Dame schwelgt im Glück,
isst das nächste Tortenstück,
durch die Fenster wärmt der Abendsonnenschein.

Refrain:

Und schon wieder kommen feine alte Damen,
trinken Kaffee, Schokolade, Tee mit Rum.
Johann Wolfgang schaut jetzt ernst in seinem
Rahmen, denn der dünne Mann fällt tot und
plötzlich um.

Ja, so geht es in der Welt, einer sitzt und einer fällt,
dieser ruht und jener plagt sich unentwegt.
Drum bedenk die letzte Frist,
weil sie unvermeidlich ist, keiner weiß,
wann ihm sein letztes Stündlein schlägt.

Refrain für fröhliche Runden:

Doch bei uns in diesem wunderbaren Rahmen,
voller Liebe, voller Freundschaft und Gesang,
leben wir vergnügt und froh in Gottes Namen,
so er will... vielleicht... noch hundert Jahre lang!

(*) Volksliedmelodie „Krumme Lanke"

Epilog

Dieses Büchlein endet hier,
lieber Leser, Dank sei dir!
Ein Poet hat sich verirrt,
wenn er nicht gelesen wird.

Dank an:

– M. SCHNEIDER, Offenbach
– Berthold Druck, Offenbach
– pure:design, Mainz
– „ABELINE", Neu Isenburg

für freundliche Unterstützung bei der
Herstellung dieses Buches.

P. S.

4x Mode in Offenbach

Lesen Sie hierzu „Auf dem Laufsteg" auf Seite 28/29.

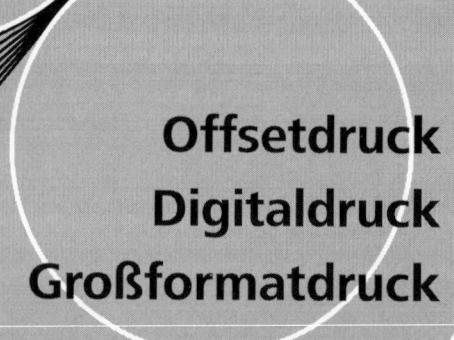